HISTOIRE

DE

L'ARCHITECTURE

EN FRANCE.

1

IMPRIMÉ PAR PLON FRÈRES, 36, RUE DE VAUGIRARD.

HISTOIRE

DE

L'ARCHITECTURE

EN FRANCE,

DEPUIS LES ROMAINS

JUSQU'AU SEIZIÈME SIÈCLE,

avec l'exposition de ses principes généraux,

PAR DANIEL RAMÉE.

Illustrée de 71 vignettes sur bois.

PARIS,

A. FRANCK, LIBRAIRE-ÉDITEUR,

69, RUE RICHELIEU.

LEIPZIG,

MÊME MAISON, KOENIGS-STRASSE

1846.

PRÉFACE.

Le volume que nous publions est destiné à faciliter l'étude de l'histoire de l'architecture en France, aux amateurs et aux personnes illettrées, et en général à toutes celles qui désirent avoir des notions sur les développements historiques de cet art.

L'étude de l'histoire des édifices anciens aux pieds desquels nous vivons ou que nous rencontrons sur tous les points de la France, est un besoin aujourd'hui universellement senti, mais qu'on ne peut satisfaire d'une manière convenable, faute d'un ouvrage dans lequel on soit à même de puiser les enseignements élémentaires destinés à classer chronologiquement un monument quelconque à la première vue.

Le succès vraiment prodigieux obtenu en Angleterre par un ouvrage sur l'histoire de l'architecture gothique et ses principes, publié par M. Matthew Holbeche-Bloxam[1], nous a engagé à entreprendre sur le même cadre un travail semblable pour la France. La première édition du livre de M. Bloxam a paru en 1829, et la septième en 1845.

Nous avons, comme dans l'ouvrage anglais, orné nos chapitres de vignettes gravées sur bois, et qui serviront puissamment à l'intelligence du texte. Elles représentent toutes des monuments ou des détails pris en France. Ces vignettes sont dues au talent de M. Huyot, qui a reproduit avec une grande habileté nos dessins originaux.

[1] The principles of gothic architecture elucidated by question and answer. In-8°.

Fig. 1. Chapiteau du porche de Notre-Dame de Dijon, treizième siècle.

INTRODUCTION.

ORIGINE, PROGRÈS ET DÉCADENCE DE L'ARCHITECTURE DU MOYEN AGE EN FRANCE.

Parmi les ruines monumentales disséminées dans diverses parties de la France, on reconnaît aisément les traces des peuples qui ont occupé successivement ce pays. C'est à l'ère de la race celtique qu'appartiennent ces monuments et ces constructions rustiques et grossières, connues sous les noms de Dolmen, de Men-Hir, de Peulvan, de Cromlech et d'allées couvertes. Jusqu'à présent, il a été impossible de classer chronologiquement ces pierres vénérables par leur âge seulement; il a été encore tout aussi impossible de démontrer leur origine, qui se perd dans la nuit des temps, ainsi que leur destination, faute de renseignements assez positifs sur la religion des peuples qui les ont érigées. Des nations asiatiques, des Phéniciens, par exemple, ont peut-être importé avec le commerce cette rude architecture chez nous. Vingt-deux siècles avant l'ère chrétienne, nous voyons dans l'Asie occidentale des exemples de pierres sacrées, ayant quelque ressemblance avec nos pierres druidiques ou celtiques. A Béthel, dans la terre de Canaan, Abraham éleva un autel brut à Jehova[1]; dans le milieu du vingtième siècle avant Jésus-Christ, Jacob érigea encore à Béthel un autel à son Dieu Jehova, et qui était également en pierre

[1] Genèse, ch. XII, v. 8.

brute[1]; vers le milieu du seizième siècle avant la venue du Messie, Moïse bâtit à Jehova, sur le mont Sinaï, un autel en pierre brute et sans marches[2]; Josué fit élever à Galgale douze pierres prises dans le Jourdain, en commémoration du passage de ce fleuve par les Israélites[3]. En Grèce aussi, les anciens Pélasges élevèrent des pierres fort grossièrement travaillées et devant servir de statues. A Sicyone, on voyait deux statues, l'une de Jupiter, l'autre de Diane, la première en forme de pyramide, la seconde taillée comme une colonne . Les pierres druidiques, quelque brutes qu'elles soient, quelque insignifiantes qu'elles aient dû paraître aux générations qui ont passé devant elles, sont restées debout dans beaucoup de localités, tandis que des monuments postérieurs, ceux des Romains bâtis chez nous, ont disparu en grande partie. Ce n'est point

[1] Genèse, XXVIII, v. 18, 19.
[2] Exode, ch. XX, v. 25, 26.
[3] Livre de Josué, ch. IV, v. 8, 20.
[4] Pausanias, liv. I, ch. 9; liv. II, ch. 9, 19.

des monuments celtiques cependant, mais bien des monuments romains que notre architecture nationale du moyen âge tire son origine, et c'est par l'architecture romaine qu'on parvient aisément à démontrer cette origine, et à tracer les développements lents et successifs de ce style d'architecture appelé vulgairement et faussement gothique, qui, dans ses différentes phases, offre des contrastes si nombreux et si remarquables.

Les Romains ont dominé la France pendant quatre cents ans. Pendant ce temps, ils imposèrent au pays non-seulement leur civilisation, mais ils élevèrent aussi dans les grandes villes, siéges des préfets et des gouverneurs, une quantité de monuments publics, tels que temples, palais, aqueducs, basiliques, théâtres, cirques, amphithéâtres, naumachies, thermes, etc., etc. La religion chrétienne fut introduite en France pendant le deuxième siècle; mais ses progrès furent lents. Ce n'est qu'après la conversion de Constantin, au quatrième siècle, qu'elle fut publiquement tolérée.

Alors aussi il dut s'élever des églises pour le nouveau culte. Les traditions sur l'architecture des écoles romaines furent apportées dans les pays conquis par les Romains, et dans les Gaules par conséquent. Ce dernier pays avait ses palais de justice, ses basiliques et ses thermes, comme Rome avait les siens. Du mélange de ces deux constructions, du plan de la basilique et des parties perpendiculaires et de la voûte, des xystes ou grandes salles couvertes des thermes ou bains publics romains, sortit le type de la primitive architecture française du moyen âge, architecture qui a été mise en usage depuis qu'on éleva chez nous des églises chrétiennes, et qui a duré pendant les Mérovingiens jusqu'au règne de Charlemagne. Avec la gloire de ce grand empereur naît aussi un nouveau style d'architecture, dans lequel on remarque de légères influences orientales. Les événements politiques et l'invasion des Barbares du nord firent tomber dans une nouvelle barbarie notre pauvre France, et l'architecture eut aussi sa décadence, jusqu'à ce qu'au onzième siècle on la vit renaître plus belle et plus puissante dans ce style imposant des églises de Saint-Étienne, de la Trinité de Caen et de Saint-Georges de Bocherville. L'architecture romane à plein cintre du milieu du onzième siècle devait durer et se perfectionner jusqu'à la fin du douzième. Vers 1140, toutefois, nous y voyons introduire un détail qui, soixante ans plus tard, devait la modifier et l'anéantir entièrement. L'ogive se mêle au plein cintre, d'abord timide et craintive; peu à peu elle poursuit son envahissement, et, au commencement du treizième siècle, il ne s'élève plus aucun monument à plein cintre. L'architecture à ogive dure trois siècles. Au treizième, sous saint Louis, elle est sévère et majestueuse. Au quatorzième, elle s'enrichit de beaux détails architectoniques et d'une variété d'ornements. Au quinzième, elle perd de sa beauté et de sa sévérité; vers 1460, elle devient capricieuse et fantastique : l'ogive et son architecture semblent briller d'un dernier éclat. Sous

Louis XII s'élèvent les derniers monuments dans le style inspiré par le génie du christianisme. François Ier protége les lettres classiques, et, sous son règne, l'architecture descend du temple au palais; alors son caractère et ses apparences deviennent classiques. L'architecture à ogive du treizième siècle est sans contredit celle qui manifeste dans la pierre au plus haut degré l'inspiration religieuse et indépendante de la pensée et du génie du christianisme. Elle semble proclamer l'affranchissement de l'esprit de toutes les contraintes possibles. Elle n'offre dans son ensemble et ses détails plus rien qui sente le matérialisme de l'antiquité païenne. Elle est plus svelte, plus légère, plus élégante, plus élancée surtout, et plus savante que l'architecture sacerdotale du plein cintre, qui paraît vouloir imposer encore sa puissance hiératique. Car, si l'on examine bien les plus beaux chefs-d'œuvre même de l'architecture romane, on y trouvera à la vérité un cachet extraordinaire de puissance morale et physique; mais, à l'aspect d'un monument à plein cintre, le cœur reste saisi d'un sentiment vague de peur et de contrainte, de malaise, et d'une sorte d'admiration involontaire ; tandis qu'à la vue d'une cathédrale à ogive, les sentiments du cœur s'épanouissent agréablement en mille manières diverses ; l'âme s'identifie avec le monument, il lui semble être son bien, et l'imagination, guidée par la foi, parcourt avec bonheur et joie tous les innombrables détails de l'édifice qu'elle s'approprie en le confiant à la mémoire. La contemplation d'une église chrétienne, parée de ses croisées à compartiments géométriques, de ses vitraux resplendissants des plus vives et des plus belles couleurs, ses arcs-boutants, ses contreforts, ses voûtes aériennes, ses magnifiques portails, ornés de leurs mondes de statues, laisse dans le cœur de tout être sensible au beau une fête et un bonheur éternels.

L'architecture antique des Grecs et des Égyptiens a emprunté son caractère à la ligne *horizontale*, tandis que l'architecture chrétienne du moyen âge a reçu son caractère d'un élancement, d'une direction vers le ciel, représentés par la ligne *perpendiculaire.* C'est ce qui constitue principalement la grande différence entre le style antique et le style chrétien, qui est plus indépendant, puisqu'il s'est affranchi des architraves destinées à supporter le poids des murs supérieurs. L'architrave classique a été remplacée par la voûte et les arcades, dont l'effet est si beau, la conception si grandiose et l'exécution si savante.

HISTOIRE

DE

L'ARCHITECTURE

EN FRANCE

CHAPITRE PREMIER.

ARCHITECTURE GALLO-ROMAINE.

Demande. Existe-t-il en France des monuments élevés par les Romains?

Réponse. Oui. Il en reste une assez grande quantité dans le midi et au nord, mais moins dans le centre.

D. Vers quelle époque les Romains conquirent-ils les Gaules?

R. Leur première apparition eut lieu en l'an 123 avant J.-C., lorsque le proconsul Caius Sextius vint au secours des Marseillais contre les Gaulois Salluviens. C. Sextius fonda la première colonie romaine dans la Gaule Transalpine, à Aix, *Aquæ Sextiæ*. Deux ans plus tard, en 121, Q. Martius Narbo établit la seconde colonie romaine dans la Gaule à Narbonne, *Narbo Martius*.

D. Nous reste-t-il encore des monuments d'architecture de la première conquête des Gaules par les Romains?

R. C'est une question assez difficile à résoudre dans l'état actuel des monuments romains éparpillés sur le sol de la France. Ils sont tous dans un état de ruines assez avancé, qui ne permet pas de préciser leur âge.

D. Par qui et à quelle époque la Gaule fut-elle entièrement soumise aux Romains?

R. Par Jules César, qui envahit ce pays 58 ans avant notre ère, et qui y établit solidement la puissance des aigles romaines.

D. De quelle époque datent la plupart des monuments romains dans les Gaules?

R. De l'époque des empereurs, c'est-à-dire des trois premiers siècles de l'ère chrétienne.

D. Indépendamment des Romains, n'y eut-il pas une autre cause qui fit naître, même avant eux, des monuments d'architecture de style antique dans la Gaule?

R. Oui, sans doute. Marseille avait été fondée par une colonie de Phocéens dans le sixième siècle avant J.-C. Il est probable que ces Grecs, d'origine ionienne, importèrent dans leurs nouveaux établissements les arts de la mère-patrie.

D. Reste-t-il encore des monuments bâtis par ces Grecs dans les Gaules?

R. Non, on n'en découvre que des fragments dans les villes du littoral de la Méditerranée que leur caractère élégant ne permet pas d'attribuer aux Romains. Mais ces vestiges sont infiniment rares. Strabon nous apprend qu'il y avait à Marseille deux temples, l'un dédié à Diane et l'autre à Apollon. Il est à présumer

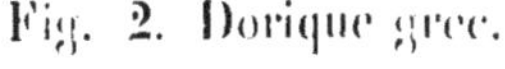

Fig. 2. Dorique grec.

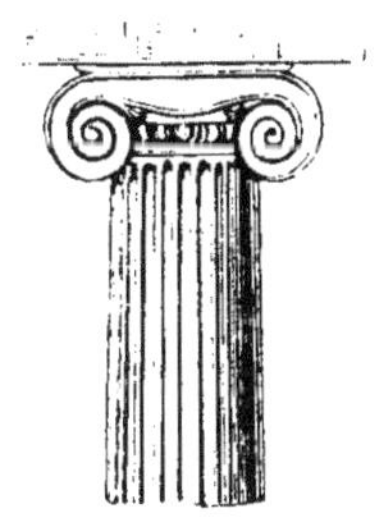

Fig. 3. Ionique grec.

qu'ils étaient d'ordre dorique ou ionique; car ils avaient des colonnes cannelées, dit le même auteur. Les traditions antiques se sont maintenues pendant tout le moyen âge dans le midi de la France, et cela résultait de la vue continuelle des monuments classiques qui ornaient cette partie de notre pays.

D. Nommez quelques-uns des monuments les plus remarquables que nous aient laissés les Romains.

R. Nous mentionnerons tout d'abord leur ouvrage le plus merveilleux et le plus gigantesque, le pont du Gard, entièrement conservé

Fig. 4. Pont du Gard.

encore aujourd'hui. Le grand aqueduc romain nommé pont du Gard servait à conduire les eaux de la fontaine Airan et de la rivière d'Eure dans la ville de Nimes. La rivière qu'il traverse s'appelle le Gardon. Le pont du Gard a 261 m. 50 de longueur, sa hauteur totale est de 59 m. Les arcades du bas ont 18 m. 84 de large; celles du centre ont 18 m. 19 et les 35 petites arcades supérieures ont 5 m. 52 de largeur. Pendant les guerres de religion du seizième siècle, un Rohan fit entailler les piles centrales pour y pratiquer un passage pour son artillerie, ce qui compromit long-temps et beaucoup l'existence du monument. En 1743, les États de Languedoc firent bâtir et accoler à l'aqueduc romain le pont sur lequel on passe actuellement. Avant la construction de ce pont, les évêques d'Uzès avaient fait échancrer les piles du côté opposé pour faire un passage aux piétons et même aux bêtes de somme.

Parmi les temples romains des Gaules, celui élevé à Nimes par l'empereur Auguste dans la première année de notre ère, et dédié à Caius et Lucius, est le plus remarquable et le mieux conservé. Il est *prostyle*, c'est-à-dire orné d'un portique sur la face principale; ce portique est formé par six colonnes corinthiennes. Le temple de Caius et Lucius, appelé Maison-Carrée, est pseudodiptère, ce qui veut dire entouré d'une seule rangée de colonnes, mais qui laisse à l'intérieur la place pour une seconde rangée.

D. Quels sont encore les autres monuments du midi qui attirent l'attention de l'antiquaire et de l'artiste?

R. Ce sont ceux de Saint-Remy non loin d'Avignon. Là, on trouve un tombeau dont le style prouve qu'il appartient à l'époque de décadence.

Fig. 5. Tombeau de Saint-Remy.

Notre vignette le reproduit exactement et nous

dispense d'en donner une description. Non loin de ce tombeau, élevé, pense-t-on, par Sextus Lucius Marcus, de la race des Jules, à la gloire de ses parents, s'élève un arc de triomphe infiniment préférable au tombeau. Mais on n'en connaît ni la date ni la destination.

Comme monuments bien conservés, nous nommerons encore : l'arc de triomphe et le pont de Saintes; le tombeau en pyramide près de Vienne, vulgairement appelé tombeau de Pilate ; le théâ-

Fig. 6. Pont et arc de triomphe de Saintes (Charente-Inférieure).

tre et l'arc de triomphe d'Orange; les thermes de l'empereur Julien à Paris; les arènes d'Arles; l'amphithéâtre et la fontaine de Diane à Nîmes. Non loin et à l'occident de la cathédrale de Senlis, on remarque l'enceinte romaine de l'ancienne ville, contre laquelle s'élèvent des tours élégantes bâties en petit appareil de pierre alternant avec des chaînes horizontales de tuiles. C'est sur ces vestiges romains que saint Louis fit bâtir un palais, dont il reste encore des parties d'une grande beauté.

D. Quelles sont les autres localités en France où l'on retrouve encore des restes de monuments romains?

R. On voit à Saint-Chamas (département des Bouches-du-Rhône) un monument romain qui est un pont triomphal bâti sur la petite rivière de la Tolubre. Il est orné de deux arcs à chaque extrémité. On pense qu'il a été bâti par l'empereur Auguste.

La porte d'Arroux à Autun est encore un beau monument de la domination romaine. La galerie d'arcades à pilastres corinthiens qui surmonte les quatre grandes arcades est fort élégante et légère. L'entablement qui règne entre cette galerie et les arcades du rez-de-chaussée est gracieux et de bon goût. La porte d'Arroux semble être de l'époque qui précéda la décadence.

Il existe à Cavaillon, dans le département de Vaucluse, un arc de triomphe romain du siècle d'Adrien. Il est fort mutilé, et l'arcade même est bouchée. Son archivolte, couverte de rinceaux et supportée par des piédroits ornés de même, ne manque pas d'élégance.

A Nîmes, on admire encore l'amphithéâtre romain, qu'on suppose être de la seconde moitié du premier siècle de l'ère chrétienne. Le plan est elliptique. Son grand axe a 133 m. 38 de longueur; le petit, 101 m. 40. Un massif de construction de 31 m. 53 d'épaisseur contient cinq vastes galeries de circulation, des aqueducs, de nombreuses salles, et 162 escaliers principaux, conduisant à 35 rangs de gradins qui plongent sur l'arène, espace vide et de forme ovale, réservé au milieu de l'édifice pour les jeux et les combats. La hauteur totale du monument est de 21 m. 52, divisée en deux étages : le premier, composé de 60 arcades que séparent des contreforts carrés ou pilastres; le second, formé d'un même nombre d'ouvertures et décoré de colonnes doriques engagées que portent des piédestaux. Un attique couronne ces deux ordres ; il est divisé dans toute sa circonférence par 120 consoles saillantes. On retrouve encore à Nîmes le bel ensemble des bains et du temple de Diane, et la tour Magne, qui paraît avoir été un de ces mausolées nommés *Septizonium*.

D. Quels sont les autres lieux où il y a encore des antiquités romaines?

R. On en trouve des ruines à Marseille, à Grenoble, à Reims, à Toulouse, à Lyon, à Périgueux, à Bordeaux, à Lillebonne, à Béthouville. Mais ce ne sont guère que des fragments, des parties de monument, mais aucun édifice entier comme ceux que nous avons cités et décrits plus haut.

D. Quel est le caractère général des monuments gallo-romains?

R. Ils offrent celui d'une grande décadence de l'art : et cela est tout naturel, puisqu'ils datent de cette époque des empereurs, où le goût était abâtardi et corrompu.

D. Qu'est-ce qui frappe surtout dans les monuments romains?

R. C'est cette exubérance extraordinaire de petits détails et d'ornements monotones, qui détruit l'effet des lignes et des surfaces, qui brise l'harmonie des masses et produit une confusion désagréable à l'œil du spectateur.

D. D'où pensez-vous que provienne la cause de cette exubérance de détails et d'ornements dans les monuments gallo-romains?

R. Elle vient de cette envie de briller, si fortement caractérisée sous le règne des empereurs. A cette époque, les artistes n'aimaient plus l'art pour lui-même : ils visaient plutôt à l'effet et suivaient l'influence de la mode.

Fig. 7. Arc de triomphe appelé Porte-Noire à Besançon.

D. Quel est le caractère des détails des édifices gallo-romains?

R. Leur caractère offre la décadence des principes. Les hauteurs et les saillies des moulures sont outrées, ou bien de trop petite dimension et camardes. Les doucines et les talons sont presque généralement couverts d'oves et de feuilles, ainsi que cela se voit dans notre vignette, qui représente un fragment de l'arc de Besançon.

D. Qu'avez-vous à remarquer pour les chapiteaux, les colonnes et leurs bases?

R. Les chapiteaux se rapprochent presque tous de l'ordre corinthien, rarement de l'ionien; ils offrent un prodigieux abâtardissement de leur modèle grec. Ils sont généralement *composites*, ce qui veut dire qu'on y voit la volute ionienne mêlée aux feuilles d'acanthe, à l'aspect lourd et aux extrémités arrondies et peu gracieuses. Les feuilles d'acanthe de la sculpture des monuments gallo-romains ressemblent beaucoup plus à des plumes qu'à de la végétation.

Quant à la colonne, elle se trouve souvent engagée, ce qui veut dire qu'elle tient à un mur par le tiers ou le quart de son diamètre, ce que les belles époques de l'architecture n'admettent pas. La base n'offre plus l'élégance de celle des colonnes grecques : elle est tantôt d'une hauteur trop forte, tantôt d'une hauteur trop faible.

D. Qu'avez-vous à remarquer du reste de l'ornementation des monuments gallo-romains?

R. Que les bas-reliefs sont sans légèreté et sans élégance. Les figures en sont lourdes et roides, les détails en sont ronds et sans naturel. L'ornementation des frises est massive et gauche. En un mot, on s'aperçoit que les traditions des belles et grandes écoles sont négligées ou totalement oubliées, que la décadence perpétue et multiplie les erreurs et la maladresse dans la conception générale des monuments aussi bien que dans les plus minutieux détails.

D. Comment peut-on surtout se convaincre du caractère que vous attribuez aux monuments gallo-romains?

R. En les comparant aux majestueux édifices grecs du temps de Périclès, au Parthénon d'Athènes, aux Propylées, au temple d'Erechthée, au temple sur l'Illissus, dont on trouve la représentation dans l'ouvrage de Stuart et Revett et dans celui de Le Roy.

Fig. 8. Arc de triomphe appelé Porte-Noire à Besançon.

Fig. 9. Église Saint-Médard de Quesmy près Noyon (Oise).

CHAPITRE II.

DÉFINITION DE L'ARCHITECTURE DITE « GOTHIQUE ; » SON ORIGINE ET SES DIFFÉRENTS STYLES.

Demande. Qu'entend-on par le terme d'architecture gothique.

Réponse. Sans entrer dans l'origine du mot « *gothique*, » il suffit de dire qu'on se sert de cette expression pour indiquer brièvement les différents styles d'architecture dans lesquels nos monuments religieux et profanes ont été élevés pendant le moyen âge. On se sert encore de ce terme pour distinguer ces styles de l'architecture de l'antiquité païenne. Dans un sens plus restreint, le terme de gothique s'applique seulement au style d'architecture où l'on voit généralement dominer l'ogive, ainsi formée :

Fig. 10.

D. Quelle est l'origine de l'architecture du moyen âge?

R. Elle l'a tirée des ordres romains, tels qu'ils étaient en usage en Italie depuis Auguste jusqu'à Constantin (depuis l'année 30 avant J.-C. jusqu'à l'année 337 après J.-C.). Les Romains ayant conquis les Gaules vers le milieu du dernier siècle avant notre ère, y bâtirent quantité de monuments, des temples et des bains surtout, qui ont servi de modèles aux églises que les premiers chrétiens élevèrent chez nous.

D. Combien admet-on de styles dans l'architecture française du moyen âge?

R. On admet deux styles principaux, déterminés par les arcades qu'on y remarque : 1° le style à plein cintre ou roman, dans lequel les arcades sont formées d'un demi-cercle, comme dans l'antiquité romaine (voyez la vignette n° 12); 2° le style à ogive, dans lequel les arcades sont formées par deux sections de cercle qui se croisent au sommet, et forment ainsi un arc pointu vers le haut (voyez la vignette n° 10). Entre les styles à plein cintre et à ogive, il y a un autre style qui dans ses monuments offre l'ogive accompagnée du plein cintre. On appelle ce style celui de la transition. Dans l'architecture à ogive on distingue plusieurs époques et plusieurs variations : 1° Le style à ogive du treizième siècle, simple et sévère ; 2° le style à ogive du quatorzième siècle, ou style rayonnant, parce que le cercle et les figures qu'il décrit y jouent un grand rôle ; 3° le style à ogive flamboyant, parce que, dans ses monuments, une infinité de lignes se heurtent et s'y rencontrent, ce qui produit, pour ainsi dire, l'oscillation de la flamme ; 4° le style flamboyant fleuri et de transition, où l'on remarque l'anse de panier, ou l'arc surbaissé.

D. Qu'est-ce qui constitue encore la différence de ces divers styles ?

R. Indépendamment des arcades qui sont à plein cintre ou à ogive plus ou moins aiguë, plus ou moins surbaissée, ces styles se distinguent encore par la dimension et la forme des fenêtres et la manière dont elles sont subdivisées, par les meneaux et les compartiments inscrits dans la partie dominée par l'ogive. Ils se distinguent encore d'une manière plus spéciale par certains détails, par des accessoires décoratifs, par les moulures plus ou moins caractéristiques de chaque style.

D. La plus grande partie de nos édifices religieux est-elle élevée dans un seul style ?

R. Le plus grand nombre de nos cathédrales et de nos églises rurales a été bâti ou agrandi à différentes époques : c'est pour cette raison qu'elles offrent rarement une uniformité d'exécution ; beaucoup d'églises ont des parties qui datent de différentes époques et qui, par conséquent, ont aussi divers styles. Il y a, toutefois, de nombreuses exceptions, et nous possédons, en

France, un certain nombre de monuments élevés d'un seul jet et dans un même style. Il existe des édifices des treizième et quinzième siècles surtout où l'on remarque une parfaite harmonie de style, et qui ont été terminés sans interruption aucune.

D. Ces monuments sont-ils construits selon un système régulier?

R. Le plan du rez-de-chaussée d'une cathédrale en général, et celui d'une église conventuelle, ont la forme d'une croix. L'édifice consiste en une *tour* centrale avec ou sans flèche; de *transsepts* qui s'étendent du nord au midi, et qui forment les deux bras transversaux de la croix; des transsepts, s'étend la *nef*, flanquée de *collatéraux* ou *bas côtés*, orientés de l'orient à l'occident. Le *portail occidental*, qui contient l'entrée principale, est fréquemment flanqué de deux *tours*. A l'orient ou à l'est de la nef et du transsept, est placé le *chœur*, avec des bas côtés et des chapelles rayonnantes dont le nombre varie de 3 à 7. A l'extrémité orientale du chœur, est ordinairement placée, sur l'axe de l'église, la *chapelle de la Vierge*.

Au nord ou au midi des cathédrales et des églises conventuelles, et comme dépendances, on voit souvent encore la *salle capitulaire*, le plus ordinairement carrée, quelquefois, mais rarement, octogone. Au nord de l'église et fréquemment attenant à la salle capitulaire, se trouve le *cloître*, qui communique avec l'église et qui est composé d'une galerie ouverte d'un côté entourant un jardin carré.

Fig. 11. Eglise de la Délivrande près de Caen (Calvados).

CHAPITRE III.

DES DIFFÉRENTES ESPÈCES D'ARCS.

Demande. La distinction des différents styles dépend-elle tout à fait de la forme de l'arc?

Réponse. Jusqu'à un certain point l'arc peut être considéré comme la marque de distinction d'un style; mais il ne faudrait pas cependant l'ériger en une règle trop sûre, car il y a beaucoup d'exceptions.

D. Comment distingue-t-on les arcs?

R. On les distingue en arcs plein cintre et en arcs composés de segments.

D. Combien y a-t-il d'espèces d'arcs à plein cintre?

R. Il y en a quatre : l'arc à plein cintre formé par un demi-cercle; l'arc formé par un demi-cercle, mais surhaussé; l'arc formé par un segment moindre que le demi-cercle; l'arc en forme de fer à cheval, formé par une portion de cercle plus grande que la moitié du cercle

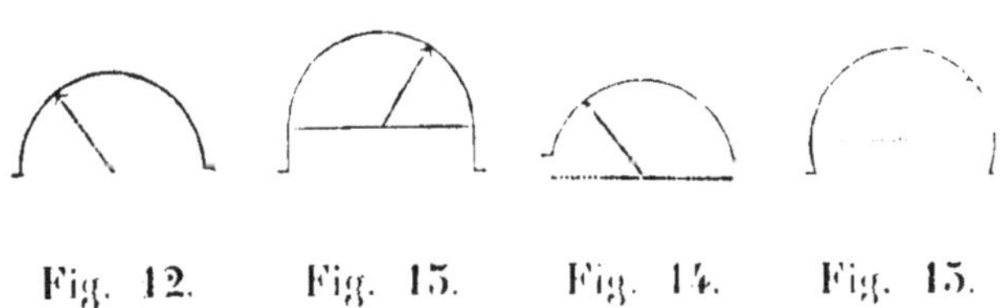

Fig. 12. Fig. 13. Fig. 14. Fig. 15.

D. Pendant quelle époque ces quatre espèces d'arcs furent-elles employées?

R. Depuis les Romains jusqu'à la fin du douzième siècle.

D. Combien y a-t-il d'espèces d'arcs à ogive?

R. Il y en a deux espèces : 1° l'arc à ogive

simple, décrit par deux centres; 2° l'arc à ogive composé, décrit par quatre centres.

D. Ces deux espèces d'arcs n'ont-ils point de subdivisions?

R. Oui, on distingue trois sortes d'arcs à ogive simple : 1° l'arc à ogive aiguë, 2° l'arc à ogive équilatérale, 3° l'arc à ogive obtuse ou déprimée.

D. Comment construit-on l'arc à ogive aiguë?

R. Avec deux segments de cercle dont le rayon est plus long que la largeur de l'arc à sa base, figure 16.

Fig. 16. Fig. 17. Fig. 18.

D. Comment construit-on l'arc équilatéral?

R. Avec deux segments de cercle dont le rayon est égal à la largeur de l'arc à sa base. On peut y inscrire un triangle équilatéral, figure 17.

D. Comment construit-on l'arc obtus ou déprimé?

R. Avec deux segments de cercle, dont le rayon est moins long que la longueur de l'arc, figure 18.

D. Vers quelle époque ces trois arcs à ogive furent-ils employés, et combien de temps dura leur emploi?

R. Ils furent introduits dans l'architecture vers le milieu du douzième siècle et continuèrent à être employés rigoureusement jusqu'au commencement du quinzième siècle. Mais alors d'autres formes d'arcs furent employées simultanément avec eux. L'ogive aiguë ne fut guère employée que pendant 70 ans, depuis le milieu du douzième siècle jusqu'à 1220 environ.

D. Combien y a-t-il d'espèces d'arc à ogive composé ou décrit par quatre centres?

R. Il y en a deux espèces, mais de deux époques bien distinctes : vers le milieu du quinzième siècle l'ogive s'aplatit; sa hauteur est quelquefois la moitié seulement de sa largeur. Cette sorte d'ogive se construit par deux segments de cercle dont le point du centre est au-dessous de la naissance de l'ogive, et par deux autres dont le centre est sur la ligne de la naissance de l'ogive, figure 19.

L'autre ogive, qu'on nomme ogive en accolade ou en talon, se produit par quatre centres, deux placés sur sa naissance et deux autres en sens inverse. Cette forme date également du milieu du quinzième siècle, mais elle a eu sa plus grande généralité vers la fin de cette époque et au commencement du seizième siècle, figure 20.

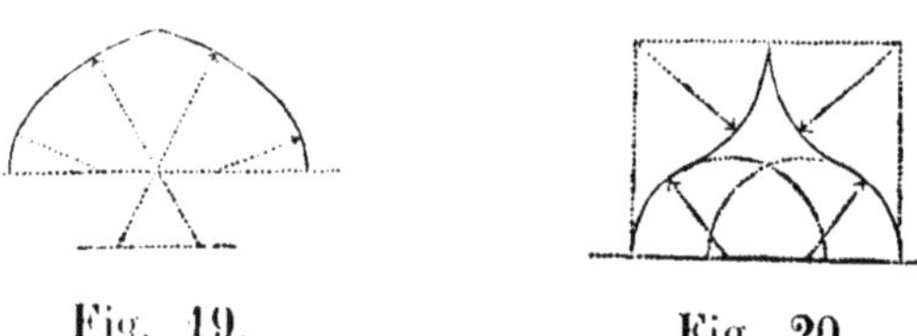

Fig. 19. Fig. 20.

D. N'y a-t-il pas encore à la fin du quinzième siècle une autre sorte d'arc pointu?

R. C'est celui en forme de cloche, concave en haut, convexe en bas, figure 21.

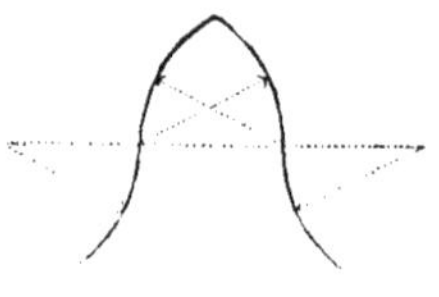

Fig. 21.

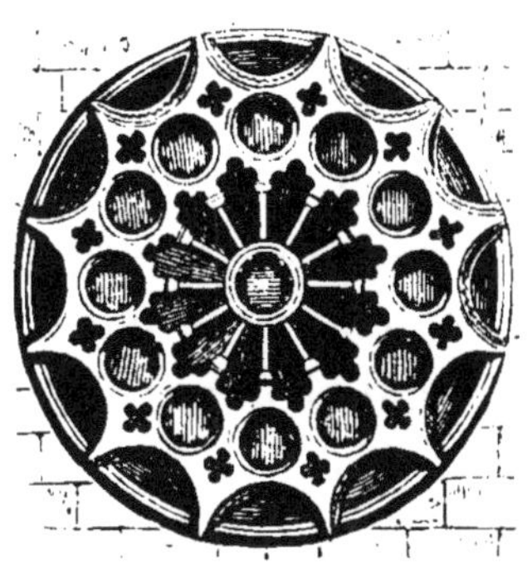

Fig. 22. Rose méridionale de la Cathédrale de Chartres.

CHAPITRE IV.

DU STYLE ANTIQUE ET DU STYLE ROMAN

Demande. Pendant quelle époque le style antique a-t-il prévalu dans l'architecture de nos églises françaises ?

Réponse. Depuis l'introduction du christianisme jusqu'à Charlemagne, c'est-à-dire depuis la fin du deuxième siècle jusqu'au neuvième.

D. D'où ce style peut-il avoir tiré son origine ?

R. Des basiliques romaines et de quelques

autres monuments romains, tels que le palais de Dioclétien à Spalatro, bâti vers la fin du troisième siècle, des bains ou thermes des empereurs, et en général des monuments païens de l'empire romain et de ses provinces gauloises.

D. Avons-nous encore beaucoup de monuments en France qui aient pu servir de modèles à nos premières églises?

R. Oui. Le midi de la France offre encore des arènes, des théâtres, des aqueducs, des arcs de triomphe, des temples, etc., qui, avec les anciennes traditions d'école, ont pu inspirer les premiers chrétiens des Gaules.

D. Quelle est la forme de nos églises qui rappelle le plus les monuments du paganisme?

R. C'est celle de leur plan qui, jusqu'à la fin du douzième siècle, ressemble parfaitement à la basilique romaine. La basse œuvre de Beauvais avait cette apparence, et ses murs sont élevés en matériaux de petit appareil ornés de bandes de tuiles en terre cuite. L'église de Saint-Leu d'Esserent (Oise), de la fin du douzième siècle ou du commencement du treizième même, a encore la forme de la basilique.

D. Que faut-il remarquer dans le plan de la basilique chrétienne?

R. S'il y a des piliers carrés ou des colonnes dans la nef; si elle forme un parallélogramme simple ou si l'on y remarque la croix. Il faut encore observer si la basilique est voûtée, ou si au lieu d'une voûte elle offre une charpente apparente.

D. Pourquoi faut-il observer s'il y a une voûte ou une charpente dans les basiliques?

R. Parce que les basiliques à charpente apparente sont plus anciennes que les basiliques voûtées.

D. A quelle époque le style antique s'est-il modifié chez nous et a-t-il pris un caractère plus particulier et plus original?

R. Du temps de l'empereur Charlemagne, qui régna seul de l'année 771 jusqu'en 814. L'architecture carlovingienne et celle des basiliques antiques de Rome ont servi de type au style roman proprement dit.

D. A quelle époque appartiennent nos plus anciennes églises?

R. Au onzième siècle, Saint-Étienne de Caen ou abbaye aux Hommes; la Trinité ou abbaye aux Femmes dans la même ville; Saint-Georges de Bocherville près Rouen, appartiennent à cette époque.

D. Quelle forme ont les piliers romans?

R. Ils sont très-lourds et massifs, et de peu d'élévation par rapport à leur diamètre. Ils sont ou carrés, flanqués de demi-colonnes sur les quatre faces, ou cylindriques, quelquefois hexagonaux ou octogones. Les piliers carrés

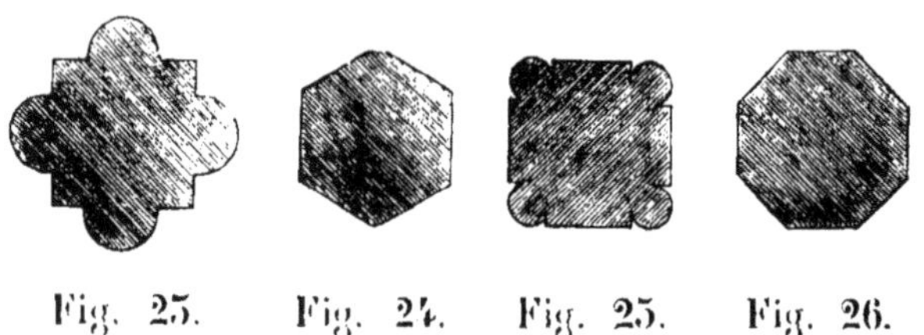

Fig. 23. Fig. 24. Fig. 25. Fig. 26.

ont souvent des colonnettes engagées dans leurs arêtes d'angle. Les colonnes, lorsqu'elles servent de piliers, sont quelquefois mirlitonnées de bandes simples ou sur lesquelles l'on voit des dessins.

D. Quelle est la forme des chapiteaux romans et comment les distingue-t-on?

R. Leur forme aplatie peut être comparée à celle d'un coussin surmonté d'un tailloir carré : ce tailloir est rarement circulaire. Une grande et riche variété de dessins se manifeste dans les chapiteaux romans. Les plus anciens sont ornés de moulures et de dessins linéaires; leur corbeille est cylindrique, cubique, conique, godronnée, scaphoïde, campanulée et cordée.

Fig. 27. Cylindrique.

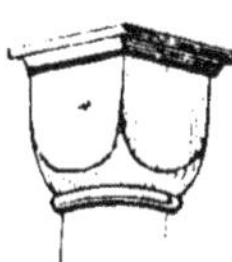
Fig. 28. Cubique.

Fig. 29. Conique.

Fig. 29 bis. Godronnée.

Fig. 30. Scaphoïde.

Fig. 31. Campanulée.

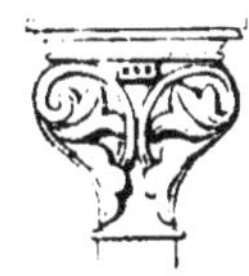
Fig. 32. Cordée (en cœur).

D. Quelle est la forme des arcades romanes?

R. Elles sont semi-circulaires ou à plein cintre, tantôt sans, tantôt avec moulures, souvent ornées d'un zigzag, comme les arcades du sanctuaire de l'église de Saint-Germer (Oise).

D. Employait-on des contreforts dans l'architecture romane?

R. Oui. Mais les murs ayant une épaisseur prodigieuse et demandant peu de renfort, les contreforts employés ne ressemblent qu'à des pilastres. Ils ont peu de saillie et offrent une large face parallèle au mur.

D. Y a-t-il des tours dans le style roman?

R. Oui, elles sont de peu d'élévation, massives, et leur extérieur, principalement vers le haut, est décoré d'arcades aveugles à plein cintre et en entrelacement. Elles n'ont point de parapet; à la naissance de la flèche ou pyramide, elles se terminent par un entablement droit supporté par des modillons ou corbeaux, composés de feuillages, d'enroulements, de têtes humaines, et d'animaux fantastiques.

D. Voit-on des flèches sur les clochetons de l'architecture romane?

R. Quelques antiquaires sont d'opinion que la flèche du clocheton n'a été introduite dans l'architecture du moyen âge qu'avec le style à ogive; il existe cependant des monuments romans où l'on voit des flèches de clochetons d'apparence conique, et qui appartiennent évidemment à la construction primitive.

D. Quels sont les principaux ornements employés dans le style roman?

R. 1° Le chevron.

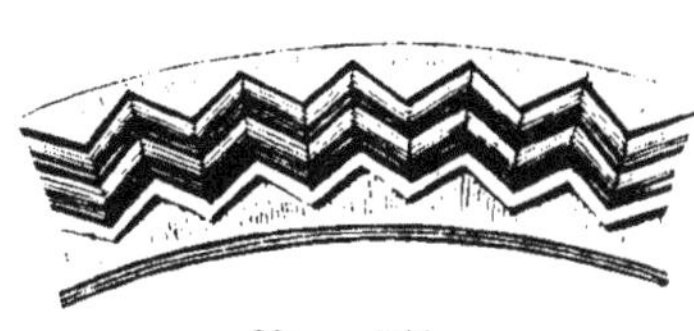

Fig. 53.

2° La frète crénelée rectangulaire.

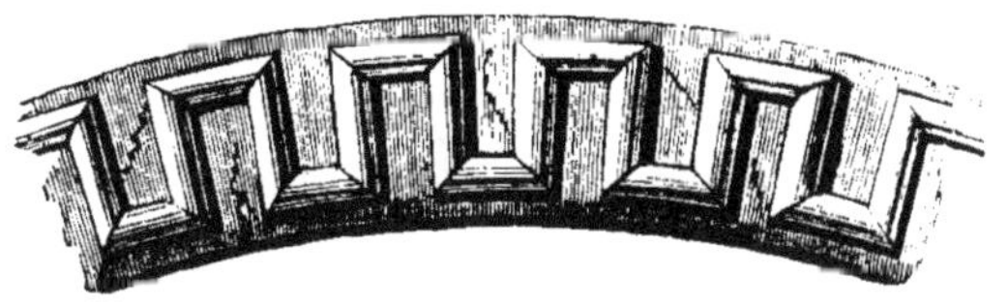

Fig. 54.

3° La frète crénelée triangulaire.

Fig. 55.

4° Les têtes plates, ou masques.

Fig. 36.

5° Les nébules, employées principalement sur l'architrave au-dessous des parapets.

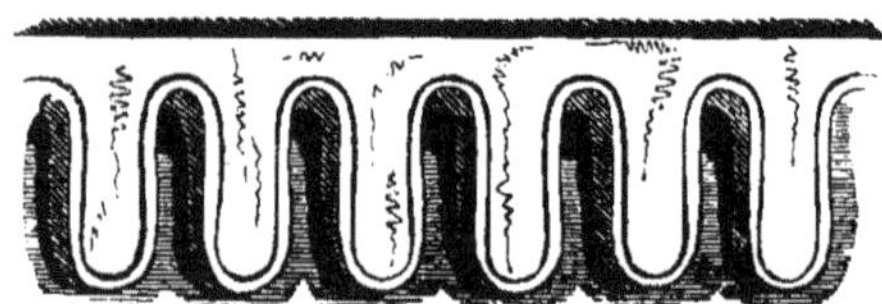

Fig. 37.

6° Le tore rompu double, ou billettes.

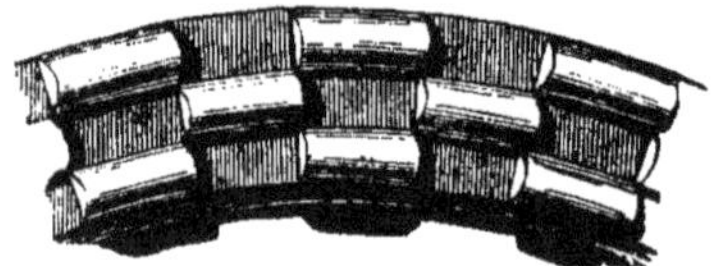

Fig. 38.

7° Le damier.

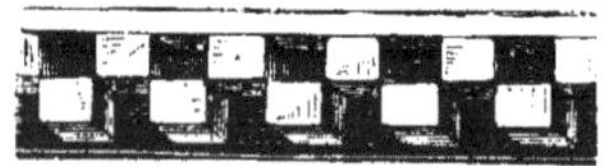

Fig. 39.

8° Le câble.

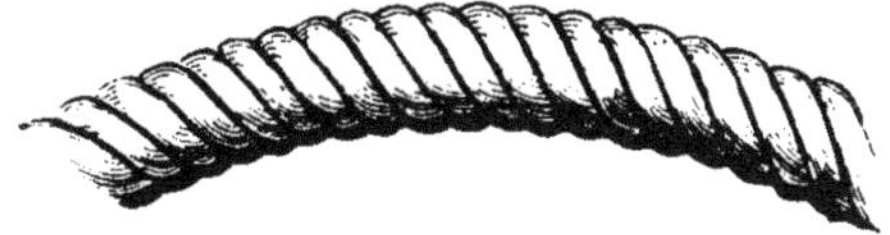

Fig. 40.

9° Les besants.

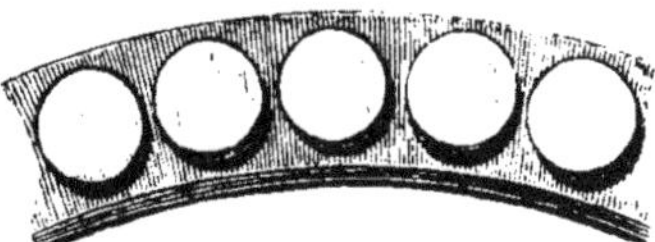

Fig. 41.

10° Les hachures lozangées, ou dents de scie.

Fig. 42.

11° Les pointes de diamants.

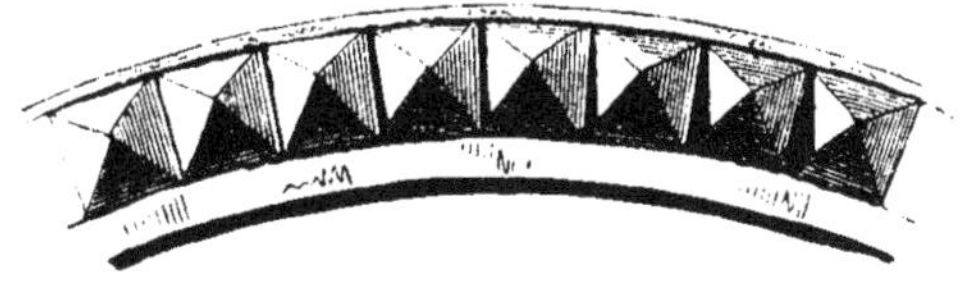

Fig. 43.

12° Les étoiles.

Fig. 44.

13° Les fuseaux.

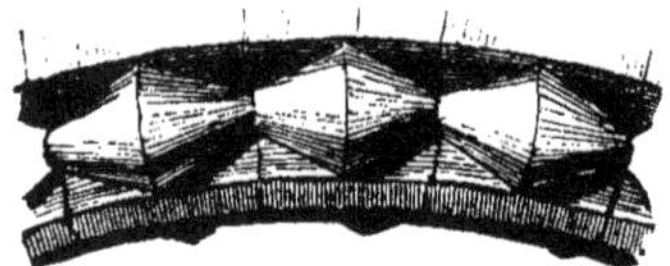

Fig. 45.

14° Les têtes de clou.

Fig. 46.

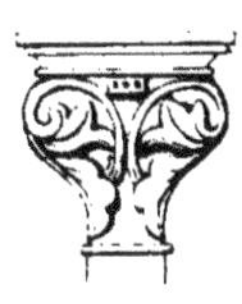

CHAPITRE V.

DU NOM DU STYLE ROMAN OU A PLEIN CINTRE.

Demande. A quelle époque commence l'architecture romane?

Réponse. Elle commence avec l'introduction du christianisme en France, ou plutôt à l'époque où l'on a bâti des églises dans ce pays; cette époque est indéterminée, car il n'existe plus de monuments chrétiens primitifs. Mais leur description par notre plus ancien historien, Grégoire de Tours, nous prouve que dès les premiers siècles de l'introduction de l'Évangile en France on y a bâti des églises à l'instar de celles qu'offrait Rome chrétienne.

D. D'où vient le nom de *roman?*

R. On a appelé romane la langue latine dégénérée et corrompue; peuples romans, ceux qui subirent l'influence de l'invasion des barbares du nord et qui se confondirent avec eux; et on a donné le nom de romane à l'architecture que ces peuples créèrent, lorsque le christianisme commença à les civiliser.

D. Le style roman n'a-t-il pas aussi un autre nom?

R. Oui, il est appelé également style à plein cintre, parce que cette forme y règne et y domine.

D. Pourriez-vous expliquer pourquoi l'on a donné le nom de roman à l'architecture d'une certaine époque?

R. Oui : c'est pour la distinguer d'une architecture postérieure, de celle à ogive, créée par le génie original du Nord, et dont l'ensemble et les détails diffèrent beaucoup du style qui l'a précédé.

Fig. 47. A Notre-Dame de Noyon (Oise).

Fig. 48. Église de Saint-Leu-d'Esserent (Oise).

CHAPITRE VI.

DU STYLE DE TRANSITION.

Demande. Qu'est-ce que le style de transition?

Réponse. C'est le style d'architecture qui a

prévalu en France depuis l'année 1140 à l'année 1200 environ, pendant les règnes de Louis VII et de Philippe-Auguste. C'est pendant ces soixante années que nous voyons les timides essais de l'architecture à ogive paraître çà et là dans nos monuments.

D. Quel est le caractère principal de ce style?

R. C'est le mélange de l'ogive avec le plein cintre. Mais l'ogive n'y occupe qu'une place secondaire; elle est encore dominée par la puissance du plein cintre, qui semble la refouler.

D. Quelle est l'origine de l'ogive?

R. Aucune question d'archéologie et d'histoire n'a été aussi débattue et controversée que celle de l'origine de l'ogive. Quelques auteurs la font venir de l'Orient, et prétendent que l'ogive fut introduite chez nous par les croisés à la fin du onzième siècle. D'autres prétendent que l'ogive fut inventée par la vue de cercles ou enlacements, ou intersections de pleins cintres. D'autres enfin ont cherché à prouver que l'ogive dérive de la manière dont on construisit les voûtes, les nervures diagonales produisant tout naturellement l'ogive. Enfin, en dernier lieu, on a prétendu que l'ogive a été employée par les architectes laïcs, en opposition des constructeurs ecclésiastiques [1].

D. Quels sont les signes caractéristiques du style de transition?

R. Dans les grands monuments, de courtes et grosses colonnes supportent des arcs à ogive, sur lesquels on voit des fenêtres à plein cintre. Mais l'ogive est encore peu sensible au commencement de ce style. C'est plutôt encore un plein cintre avec une brisure à son sommet. De semblables ogives se voient au portail occidental de l'abbaye de Saint-Denis près Paris, et à la porte centrale de l'église Saint-Pierre de Roye (Somme). Plus tard, vers l'année 1180, l'ogive se développe et s'approche de plus en plus de celle du treizième siècle.

D. Quel est le caractère de l'ornementation de ce style?

R. Les chapiteaux sont moins lourds, moins massifs et moins barbares que ceux du onzième et que ceux des premières quarante années du douzième siècle. Des enroulements de rinceaux, magnifiquement combinés avec des animaux et

[1] Cette opinion est celle de l'auteur. Il l'a développée dans le deuxième volume de son *Histoire de l'architecture,* 1845, p. 264 à 292. Chez Paulin, libraire.

des plantes grasses, ornent les chapiteaux, les consoles, et quelquefois même les frises. Les gros boudins des bases des colonnes, au droit des arêtes du piédestal, sont ornés de griffes formées de têtes fantastiques ou de feuillages. Le boudin lui-même est enrichi d'un ornement de peu de saillie, quelquefois de feuillages, et souvent de dents-de-scie, de chevrons, etc. Les églises de la Madeleine de Vézelay et Notre-Dame de Noyon en offrent de beaux exemples.

D. Y a-t-il en France beaucoup d'églises de la transition?

R. En fait d'églises complétement dans ce style, sans aucun mélange postérieur, il y en a peu. Mais nous avons des nefs, des transsepts, des chœurs, des portails et des tours de la transition.

L'ancienne cathédrale Notre-Dame de Noyon, l'église de la Madeleine de Vézelay, des parties de l'ancienne cathédrale de Senlis, les portails occidental et septentrional de l'église abbatiale de Saint-Denis, l'église abbatiale de Saint-Germer (Oise), la salle capitulaire de l'église abbatiale de Saint-Georges de Bocherville, sont de magnifiques exemples du style de transition.

D. Ne remarque-t-on pas quelque particularité aux fûts des colonnes de l'architecture de transition?

R. Oui. Ce sont des cercles, composés de moulures horizontales, qui enveloppent les colonnes. Il y en a un ou plusieurs dans leur hauteur. Ces cercles sont appelés *annelures* par les antiquaires, et on nomme colonnes annelées celles où on les aperçoit.

D. Dans les églises de transition ne remarque-t-on pas quelque particularité aux transsepts?

R. Oui. Ils sont quelquefois terminés en hémicycle au nord et au sud, ce qui est d'une apparence fort élégante. Les transsepts de l'église Notre-Dame de Noyon, ceux de l'église de Meung-sur-Loire, ceux de l'église de Germigny-des-Prés (Loiret) ont cette forme circulaire. Le transsept méridional de la cathédrale de Soissons, reste de l'ancienne cathédrale de l'époque de transition, est également circulaire.

Fig. 49. Au cloître Saint-Aubin à Angers

Fig. 50. Fenêtre de la sacristie de Notre-Dame de Noyon, ancienne cathédrale.

CHAPITRE VII.

ARCHITECTURE A OGIVE DU TREIZIÈME SIÈCLE, DE 1200 A 1300.

Demande. A quelle époque l'architecture à ogive commence-t-elle à paraître?

Réponse. Au commencement du treizième siècle.

D. A quel signe caractéristique peut-on reconnaître l'architecture du treizième siècle?

R. Par l'arc à ogive. On ne voit plus de plein cintre aux arcades ni au couronnement des portes et des fenêtres; on aperçoit partout en ces endroits l'ogive.

D. Quelle est l'espèce d'ogive employée pendant le treizième siècle?

R. D'abord et principalement l'ogive construite par le triangle équilatéral; on voit cependant encore l'ogive aiguë, et troisièmement enfin l'ogive obtuse ou déprimée. Mais celle-ci est plus rare que les deux précédentes.

D. Dans quels monuments l'arc à ogive équilatéral est-il surtout visible?

R. Dans nos grandes cathédrales du règne de saint Louis, à Reims, à Paris, à Amiens, à Bourges et à Chartres. On trouve plutôt l'arc obtus dans les petites églises des villes secondaires et dans celles des campagnes. L'ogive aiguë n'est guère usitée que dans le pourtour du sanctuaire. Elle sert à donner aux arcades de ce lieu une égale hauteur à celles du chœur.

D. Quelle différence y a-t-il entre les piliers de l'architecture à ogive et ceux de l'architecture à plein cintre?

R. Au lieu des piliers massifs et lourds du style roman, les piliers de l'architecture du treizième siècle sont composés le plus souvent d'une grosse colonne centrale entourée d'un faisceau de colonnettes isolées et légères, terminées par un chapiteau dont le tailloir est au même niveau. Ces piliers ont quelquefois des bandes et des filets horizontaux qui les enlacent. Dans les petites églises, le pilier est aussi composé de plusieurs moulures perpendiculaires, telles que cavets, boudins, etc.

D. Comment peut-on reconnaître les chapiteaux du treizième siècle?

R. Ils sont d'abord d'une grande simplicité en comparaison des chapiteaux du siècle suivant. Ensuite, la forme générale de la corbeille a presque l'apparence d'une cloche renversée.

Fig. 51. A la cathédrale de Reims.

Le bas du chapiteau est séparé du fût de la colonne par une moulure composée de plusieurs membres, qui forme une sorte d'anneau. Le chapiteau est coiffé d'un tailloir ou abaque, carré

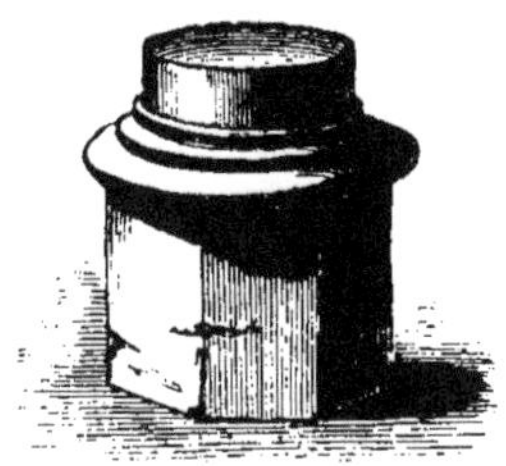

Fig. 52. A la cathédrale de Reims.

ou octogone, formé également de plusieurs moulures. Ce tailloir est toujours plus large que l'anneau du bas du chapiteau. La corbeille ou corps du chapiteau est composée de feuillages empruntés aux plantes indigènes, et ne se compose plus de plantes grasses, comme dans l'époque précédente. On y remarque quelquefois des figures et des têtes humaines, et même des animaux fantastiques et fréquemment capuchonnés. Souvent aussi le chapiteau forme un diadème ou couronne de feuillage qui enserre le faisceau de colonnes, comme à Reims, par exemple.

D. Comment reconnait-on les portes du treizième siècle?

R. Les petites portes ont généralement de chaque côté une ou plusieurs colonnes moyennes, couronnées d'un chapiteau fort simple en forme de cloche renversée, qui est entouré quelquefois de divers feuillages, mais disposés de manière à laisser aisément apercevoir le corps de la corbeille.

L'archivolte à ogive consiste en un assemblage de plusieurs moulures simples, couronnées d'un larmier, supporté de chaque côté de la retombée par une console de feuillage ou une tête d'homme ou d'animal. Dans l'architecture des portes, on remarque souvent l'ornement appelé *violettes*, à pétales renversés; on y voit aussi des rosaces. Les portes sont surmontées d'un tympan orné, comme à l'église de Mantes

Fig. 53. A Saint-Leu d'Esserent (Oise).

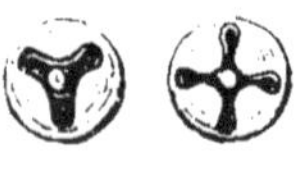

Fig. 54.

Les grandes portes sont *doubles*, c'est-à-dire divisées au milieu par une colonne, un pilastre carré ou octogone plus ou moins orné, ou un faisceau de colonnettes; chaque baie est alors surmontée d'un arc ogive, et entre les deux ogives on voit ordinairement une rosace qui contient un trèfle ou trilobe, ou une quarte-feuille, ou d'autres combinaisons plus compliquées.

Fig. 55. Fronton ou tympan couronnant la porte méridionale du portail ouest de Notre-Dame de Mantes.

D. Qu'avez-vous à dire des croisées du treizième siècle?

R. Elles sont simples, souvent sans meneaux

dans les petits édifices, étroites et très-hautes; elles ont par conséquent une forme élancée. L'ogive qui les couronne est construite par le triangle équilatéral, ou bien elle est aiguë, ayant ses points de centre en dehors de la baie, et sur la paroi du mur par conséquent.

Fig. 56. Fenêtre des chapelles du chœur de Notre-Dame de Paris.

On voit aussi deux baies à ogive couronnées d'un larmier simple. Quelquefois on rencontre trois fenêtres ou ouvertures, une centrale plus haute que les deux autres réunies sous une même archivolte ou un même larmier, comme aux églises de Gournay, de Chartres, de Mortain et de Saint-Denis. On en voit qui n'ont point de larmier.

D. N'y a-t-il pas un autre genre de fenêtres au treizième siècle?

R. Oui. On les divisa en plusieurs compartiments verticaux par des *meneaux* ou nervures perpendiculaires. Un des plus anciens exemples se trouve à l'église de Saint-Leu d'Esserent.

Fig. 57. Fenêtre de la claire-voie de l'église de Saint-Leu d'Esserent (Oise).

Mais au commencement le meneau était plus large que dans la suite; il était sans moulure et avait une apparence massive et peu agréable à l'œil. Ensuite, au lieu de l'ogive simple, on en vint à l'orner en y inscrivant la petite arcade à trois feuilles pointues.

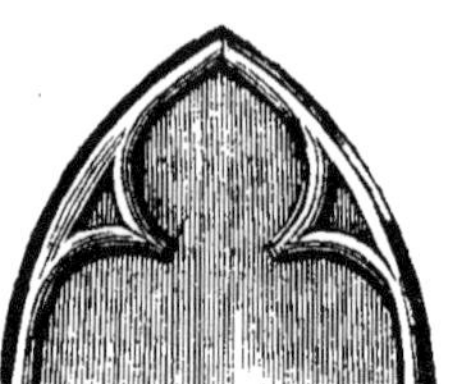

Fig. 58.

D. Combien de meneaux voit-on dans les fenêtres du treizième siècle ?

R. On en voit deux, trois, quatre, et cinq même.

D. Comment l'espace du haut de ces meneaux au sommet de l'ogive principale ou d'enveloppe se termine-t-il ?

R. Par des roses et des pénétrations dérivant toutes des combinaisons infinies du cercle, de sa circonférence, de ses rayons, etc.

D. Comment reconnaît-on les contreforts de cette époque ?

R. A leur couronnement élevé, qui est quelquefois composé de deux rampants peu inclinés qui forment deux frontons aigus. Souvent aussi ils sont surmontés d'un magnifique clocheton, soit massif, soit à jour, qui lui-même est couronné par une flèche pyramidale, comme à

Reims et à Beauvais; les angles sont quelquefois refouillés carrément et ornés de fines colonnettes encastrées ou détachées.

D. A quoi servent les arcs-boutants?

R. A contre-butter un massif, une poussée; mais dans les églises du moyen âge, ils servent à soutenir la pression des voûtes supérieures. Ces arcs-boutants sont plus ou moins légers et élégants; on en voit de fort beaux aux cathédrales de Reims et de Beauvais.

D. Pourquoi les arcs-boutants du treizième siècle sont-ils plus légers que ceux de l'époque romane?

R. Parce que les murs et en général toutes les parties de la construction sont moins épais et moins massifs qu'antérieurement.

D. Les toits du treizième siècle ont-ils une forme différente de celle des toits des siècles postérieurs?

R. Les toits des douzième et treizième siècles étaient élevés et présentaient à leur sommet un angle très-aigu; mais les toits d'une grande partie de nos églises du treizième siècle ont été renouvelés et remplacés par des combles plus obtus à leur sommet. On reconnaît fréquemment cependant le rampant primitif du toit ancien, par le larmier qu'on voit aux tours médianes, aux tours ou à la tour occidentales. L'intrados des voûtes de toits en pierre était composé de petits matériaux et de nervures, et ne présente pas cette complication de conception et d'arrangement qui se voit dans les nervures des styles postérieurs.

D. Les flèches ou pyramides en pierre ne prennent-elles pas leur naissance au treizième siècle?

R. Il y en avait déjà auparavant, mais elles étaient moins hautes et moins ornées. La flèche du clocher méridional de la cathédrale Notre-Dame de Chartres, celle de l'ancienne cathédrale Notre-Dame de Senlis et celle de l'abbaye de Saint-Denis près Paris datent du commencement du treizième siècle.

D. Quelle est l'origine de la flèche ou la pyramide ?

R. Elle est imitée du pinacle roman, pensons-nous, et n'était destinée qu'à surmonter les contre-forts et de petites tourelles d'un moyen diamètre. Les architectes du treizième siècle perfectionnèrent cet ornement architectonique, et en créèrent ces masses légères et élevées qui semblent vouloir se perdre dans les nues.

D. Quels sont les ornements propres à l'architecture du treizième siècle ?

R. On trouve souvent dans les premières églises de cette époque l'ornement appelé *violette* ou à *dents*.

Fig. 59.

Il est presque toujours placé dans une gorge, et, vu en profil, il présente un zigzag ou semble être dentelé.

Les roses ou rosaces sont un autre ornement également placé dans un cavet ou une gorge.

D. Quelle est la disposition des parapets ou garde-fous des monuments du treizième siècle ?

R. Ils sont presque toujours composés d'ornements formés par la combinaison du cercle, quelquefois composés de petits compartiments verticaux couronnés d'une arcade à ogive simple, ou dans laquelle est inscrite une partie du trois-feuilles aigu. Mais leur variété est très-grande, et il serait difficile d'établir une règle générale. Le plus rarement les parapets ont une main courante unie et horizontale ; quelquefois au lieu de la main courante on voit de petits créneaux. Ces parapets posent sur un entablement en saillie sur le mur et supporté dans l'origine par des corbeaux ou modillons à têtes et ornements fantastiques.

D. Qu'avez-vous à dire des gargouilles ou animaux fantastiques qu'on voit aux édifices du treizième siècle?

R. Ces gargouilles sont d'une plus grande dimension que dans l'époque romane. Quoique fantastiques, les sujets qu'elles représentent s'approchent davantage des animaux vrais. Les gargouilles du treizième siècle sont plus élégantes, plus sévères et plus savantes que celles de l'époque précédente.

Fig. 60. Balustrade de la cathédrale de Beauvais.

Fig. 61. Travée du cloître de l'église Notre-Dame de Noyon.

CHAPITRE VIII.

ARCHITECTURE A OGIVE RAYONNANTE DU QUATORZIÈME SIÈCLE.

De 1300 à 1400.

Demande. A quelle époque commence l'architecture rayonnante à ogive, et combien de temps a-t-elle duré?

Réponse. Elle commence vers la fin du treizième siècle ou au commencement du quatorzième. Sa durée s'étend jusqu'au milieu du règne de Charles VI, vers 1400.

D. A quels signes reconnaît-on cette architecture ?

R. Pour l'œil non exercé elle est assez difficile à distinguer d'avec le style du treizième siècle. Elle est belle comme l'architecture du temps de saint Louis ; mais les lignes horizontales et perpendiculaires se multiplient. Les ornements sont encore chastes, simples et purs ; mais leur nombre augmente considérablement. Ils ne sont pas cependant en aussi grande abondance que dans le style flamboyant du quinzième siècle.

D. Quelle différence y a-t-il entre les arcades qui surmontent les piliers dans ce style et celles de l'époque qui a précédé ?

R. L'ogive aiguë est rare, l'ogive équilatérale s'aperçoit quelquefois. L'ogive obtuse triomphe, et elle amène un système général plus horizontal et moins élancé que dans l'architecture du temps de saint Louis. Dans les petits édifices, l'épaisseur et le champ perpendiculaire des arcs est dénué de moulures ; l'arête seule est abattue en chanfrein ou en biseau.

Dans les grands monuments l'arête est ornée de quantité de moulures, de boudins, de cavets, de doucines, de talons, etc.

D. Quelle est la différence entre les piliers du treizième et ceux du quatorzième siècle?

R. Dans les grands monuments de cette dernière époque les piliers sont composés d'un faisceau de fûts cylindriques de moyen diamètre, plus serrés les uns contre les autres que dans les piliers du treizième siècle. Ils sont soudés ensemble pour ainsi dire, et on ne voit plus de colonnettes ni de colonnes isolées. Le pilier polygonal à vives arêtes se voit fréquemment dans les petites églises ; il ne diffère que très-peu des piliers analogues du siècle précédent. Les chapiteaux ont la forme de la cloche renversée, ils sont circulaires ou octogones et correspondent avec le contour des piliers; mais leur tailloir est plus saillant, plus élevé et plus compliqué qu'au treizième siècle. Les chapiteaux des colonnettes sont minces et élevés, et composés de deux rangs de feuillage délicatement travaillé.

D. Que remarque-t-on sur les arêtes des pyramides des clochetons des treizième et quatorzième siècles?

R. Des feuilles diversement sculptées qui décorent agréablement la nudité de la pyramide, et qui, en projetant des ombres, semblent diminuer la masse du clocheton.

Fig. 62. Chapiteau des clochetons de la balustrade du couronnement du chœur de Beauvais.

Fig. 63. A la cathédrale de Beauvais.

D. Décrivez les portes du quatorzième siècle.

R. Les grandes portes d'entrée de ce siècle offrent à leur embrasure extérieure et évasée plusieurs colonnes ou fines colonnettes ornées extérieurement, ou séparées entre elles par des moulures verticales ou des feuillages qui se continuent jusque dans l'archivolte. Ces portes ne sont souvent plus couronnées d'un fronton triangulaire comme au treizième siècle, mais sur la dernière moulure extérieure de l'archivolte on voit les feuilles à crochet qui antérieurement posaient sur le rampant du tympan. Telle est la porte latérale et méridionale de Saint-Ouen de Rouen. Comme exemple de porte du quatorzième siècle nous citerons encore celle du portail occidental de l'église Saint-Martin à Laon. Les petites portes sont généralement dépourvues de colonnes et de colonnettes ; elles sont remplacées par des moulures verticales formées par des quarts de rond, des cavets, des

Fig. 64. Cathédrale de Metz

bandes et des filets. Toutes ces moulures se continuent dans l'archivolte à ogive, qui n'est couronnée que par un larmier simple également à ogive.

D. Comment reconnaît-on les fenêtres de cette époque ?

R. Elles sont généralement plus larges que celles du treizième siècle. Les meneaux s'y multiplient, et le diagramme des dessins contenus dans la partie supérieure, dans la partie enserrée par l'ogive, se complique infiniment. La cathédrale de Metz, Saint-Ouen de Rouen, la cathédrale Saint-Pierre de Beauvais et celle de Bayeux offrent de beaux exemples de fenêtres du quatorzième siècle. Ces fenêtres sont quelquefois couronnées d'un tympan ou fronton aigu à pompon et à feuilles à crochets, dont le centre est richement orné de pénétrations géométriques.

D. Quelles sont les autres particularités de ce style ?

R. Les contre-forts sont montés par étages, dont chacun est marqué par un fronton décoré de pompons et de feuilles à crochets, comme à la cathédrale de Saint-Pierre de Beauvais. Ces contre-forts ont aussi des niches élégantes enrichies de pompons et de feuilles, telles qu'on en voit au portail latéral du sud de Saint-Ouen de Rouen.

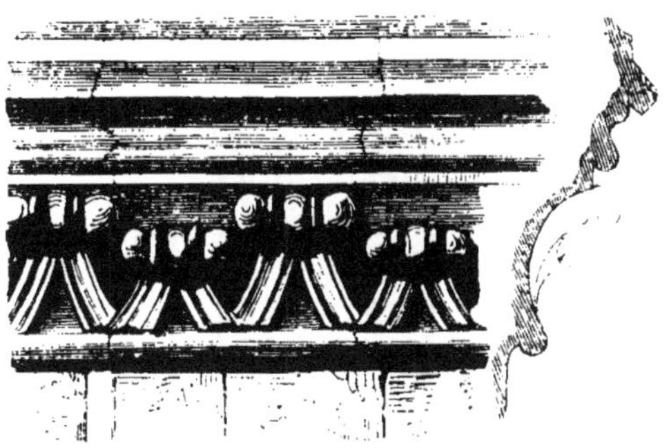

Fig. 65. Corniche de couronnement à feuilles entablées du chœur de la cathédrale de Beauvais.

Fig. 66. Cathédrale d'Evreux, fenêtre des chapelles du chœur.

CHAPITRE IX.

DU STYLE FLAMBOYANT OU STYLE A OGIVE FLEURI.

De 1400 à 1515.

Demande. Vers quelle époque a commencé le style d'architecture appelé flamboyant ?

Réponse. Vers la fin du quatorzième ou au commencement du quinzième siècle, sous le règne du roi Charles VI.

D. Jusqu'à quelle époque a continué ce style ?

R. Jusqu'au commencement du seizième siècle, jusqu'à la fin du règne de Louis XII en 1515, et dans quelques parties de la France jusqu'en 1530, sous François Ier.

D. D'où ce style d'architecture a-t-il reçu son nom ?

R. De la multiplicité, la profusion et la prodigieuse exubérance de ses ornements et de ses détails, on a nommé cette architecture style à ogive *fleuri*. D'autres, en lui donnant le nom de style flamboyant, le dérivent des compartiments géométraux du sommet des fenêtres, qui ne sont que la continuation des meneaux perpendiculaires, et qui par leurs dessins semblent former l'éternelle oscillation de la flamme ; de là le nom de flamboyant qui est généralement reçu par les antiquaires français.

D. Quel est l'arc particulier à ce style ?

R. On y retrouve l'emploi et le mélange de presque tous les arcs, du plein cintre, de l'ogive aiguë et obtuse. Mais ce qui le distingue surtout, c'est l'arc en accolade ou en doucine, l'arc à trois sommets aigus et angles curvilignes, et enfin l'arc en anse de panier.

D. Comment reconnaît-on les piliers de l'architecture flamboyante ?

R. On n'y voit plus de grosses colonnes ni de moulures perpendiculaires de forte dimension. Ils se composent d'une grande quantité de nervures prismatiques qui s'élèvent sans interruption du chapiteau et en partie jusqu'au sommet de l'arcade de la nef, et jusqu'au sommet de la nervure transversale de la voûte.

D. Comment sont les portes du style flamboyant ?

R. Elles sont couronnées par l'ogive. Leurs embrasures peu échancrées présentent des gorges profondes, séparées les unes des autres par des moulures prismatiques qui se continuent sans chapiteau intermédiaire dans les voussures de l'archivolte. Dans les gorges des embrasures perpendiculaires et dans les voussures supérieures sont adaptées de petites niches à couronnement finement et délicatement travaillé, supportant des statuettes. Nous citerons comme exemples de ces portes du style flamboyant celles des églises de Saint-Wulfran d'Abbeville, et de Saint-Riquier. Les portes du quinzième siècle sont surmontées d'un fronton très-aigu et très-haut et triangulaire, orné des deux côtés de feuilles à crochet imitées du chou frisé ou du chardon ; dans le tympan, on voit des dessins capricieux formés de l'altération de l'ogive, contournée et tourmentée de mille manières différentes. Le haut du fronton est couronné d'un pompon comme dans les époques précédentes; mais ce pompon est aussi formé du chou ou du chardon, et il est lourd et disgracieux. Quelquefois, au lieu de feuilles à crochet, on voit sur les rampants du fronton des portes, des animaux fantastiques, comme dragons, salamandres, griffons, etc. Les bases des moulures prismatiques semblent encore plus compliquées que ces moulures elles-mêmes. On ne peut bien les comprendre qu'en étudiant avec soin les modèles que nous en donnons.

D. Quelle différence y a-t-il entre la végétation employée comme ornement au quinzième siècle avec celle des époques antérieures ?

R. Elle est infiniment plus maigre, plus pauvre, et les extrémités des feuilles se terminent en une pointe très-aiguë et très-allongée. De grands évidements, de profonds trous, une frisure très-forte, des côtes saillantes et contournées font facilement reconnaître les feuillages de cette époque.

D. Quelle différence y a-t-il entre les fenêtres du quinzième siècle avec celles du quatorzième siècle ?

R. Celles du style flamboyant sont plus larges et moins élevées que celles du style rayonnant, et l'espace occupé par les pénétrations curvilignes est ordinairement plus haut que l'élévation de la fenêtre entière.

Fig. 67. Base des piliers de la nef de Saint-Ouen de Rouen.

CHAPITRE X.

DE L'ARCHITECTURE DE LA RENAISSANCE.

De 1515 environ à 1590.

Demande. Vers quelle époque commence l'architecture dite de la renaissance?

Réponse. Elle commence vers la fin du quinzième siècle, sous les règnes de Charles VIII et de Louis XII.

D. Qu'est-ce qui a amené ce nouveau style d'architecture?

R. C'est l'affaiblissement de la foi religieuse à cette époque, l'étude des auteurs grecs et latins, et le besoin d'innovation qui se fit sentir lorsque l'esprit du moyen âge s'est altéré pour prendre une nouvelle direction et un autre caractère.

D. A quel genre de monuments l'architecture de la renaissance a-t-elle été plus particulièrement employée ?

R. Quoique nous ayons encore de fort belles et de fort grandes églises bâties dans ce style, comme Saint-Eustache de Paris par exemple, l'architecture de la renaissance a surtout été employée à l'édification des palais, des bourses, des châteaux et des hôtels-de-ville. Le style de la renaissance a été appliqué plus particulièrement aux constructions profanes, lors de sa naissance.

D. Lorsqu'on voulait ajouter à un monument à ogive quelconque de nouvelles constructions, voit-on qu'on ait suivi le vieux style pendant la renaissance ?

R. Non. Les nouvelles dépendances portent toutes les caractères distinctifs de la renaissance ; l'emploi des formes classiques, des formes de l'architecture romaine.

D. Que remarquez-vous dans les monuments de l'origine de la renaissance?

R. Le génie du moyen âge, le génie du christianisme, exprimé d'une manière incomplète et timide par des détails empruntés à l'antique.

D. N'y a-t-il pas des édifices qui conservent des réminiscences non équivoques du style à ogive?

R. Il y en a beaucoup où l'on voit encore une ogive égarée, enchâssée dans un ensemble de détails classiques.

D. Comment doit-on appeler ces monuments?

R. Monuments de la transition de l'ogive au plein cintre antique, ou monuments de transition de la renaissance.

D. Peut-on assigner une date précise à l'abandon de l'architecture à ogive et à l'emploi absolu des formes de l'antiquité romaine?

R. Non certainement. Dans les capitales des provinces, dans les villes où la cour des rois venait habiter, le style de la renaissance est plus précoce. Loin de ces villes, et loin des grands centres du commerce, de l'activité et de l'intelligence, quelques architectes retardataires conservèrent encore l'archaïsme. L'église de Tilloloy, dans le département de la Somme, arrondissement de Montdidier, bâtie en 1534 par les seigneurs de Soyecourt, est encore élevée dans le style du gothique fleuri de la dernière époque; sa jolie façade seulement est complétement antique. L'église de Poix, dans le même département, est de la même époque; mais sa façade est encore du style à ogive. L'église de Brou, près Bourg en Bresse, est également élevée dans le style flamboyant, quoiqu'elle n'ait été commencée qu'en 1511 et achevée seulement en 1536.

D. Quel est le caractère de l'architecture française de la renaissance?

R. Elle porte au suprême degré le caractère de l'élégance, de la légèreté et de la grâce la plus fine et la plus exquise. Quoique inspirée de l'antique romain, elle n'en est cependant pas une copie servile, roide et sans génie. Les architectes de la renaissance ont su inculquer à leurs œuvres une fraîcheur, une nouveauté, une originalité toutes particulières.

D. Quelle est la partie de la France où l'on trouve le plus de monuments de la renaissance?

R. C'est au centre de notre pays que nous trouvons la plus grande quantité de ces monuments. C'est sur les bords de la Loire, habités par les Valois pendant le seizième siècle, que nous trouvons les plus beaux exemples de cette architecture : à Blois, nous avons le château, bâti par Charles VII, Louis XII et François Ier ; à Chambord nous admirons encore le château, bâti, sous le règne de François Ier, par un architecte français. Les villes situées sur ce fleuve offrent presque toutes encore aujourd'hui des modèles fort remarquables du style de la renaissance. A Bourges on admire la maison dite de Cujas, et à Chenonceaux le joli château bâti près du Cher et presque à cheval dessus. A Orléans il y a une collection complète et chronologique de monuments historiques de cette époque : d'abord l'ancien hôtel-de-ville, avec sa jolie façade; ensuite les maisons dites de François Ier, de Diane de Poitiers, de la duchesse d'Étampes, de Jeanne d'Arc et d'Agnès Sorel.

D. Dans le nord de la France les monuments de la renaissance sont-ils fréquents?

R. Oui. On en voit à Rouen, à Caen, à Beauvais, à Noyon, à Compiègne, à Paris, à Vincennes, à Fontainebleau, à Écouen, à Étampes, etc.

D. Quel est le monument le plus remarquable de la renaissance à Caen?

R. C'est le chevet de l'église de Saint-Pierre,

commencé en 1521 par un architecte de Caen, nommé Hector Sohier.

D. Quel est le monument de la renaissance le plus remarquable à Rouen?

R. C'est la galerie du sud de la cour de l'hôtel du Bourgtheroulde.

D. Ne croit-on pas généralement que l'architecture de la renaissance a été importée chez nous par des artistes italiens?

R. Cette opinion est admise par une grande quantité d'auteurs, mais elle est complétement fausse; car, si l'on étudie sérieusement notre architecture de cette époque, et qu'on la compare ensuite à celle d'Italie, on trouvera une grande différence de caractères entre ces deux styles.

D. Quelle est cette différence?

R. C'est surtout l'originalité, l'élégance, et plus encore une richesse inépuisable d'imagination.

D. A quelle cause peut-on attribuer cette différence?

R. On peut l'attribuer à l'oubli total en France de l'architecture antique pendant les quatre derniers siècles du moyen âge, au génie créateur des peuples du Nord, à l'oubli des traditions antiques, et enfin au caractère national des Français.

D. Vers quelle époque les artistes italiens arrivèrent-ils en France ?

R. Seulement après le traité de Cambrai en 1529, lorsque le roi François Ier en appela un grand nombre de différentes villes d'Italie. Mais ces artistes étaient principalement des sculpteurs et des peintres.

D. Quel fut le résultat du séjour de ces artistes italiens ?

R. L'importation du style michelangélesque, style hardi, mais sans ordre, sans finesse, et de plus d'un mauvais goût.

D. Ce style de Michel-Ange fut-il adopté en France et continua-t-il à se propager ?

R. Il n'eut fort heureusement qu'un demi-succès ; car il s'éleva en même temps chez nous une école nationale qui éclipsa bientôt, par ses œuvres, les folles inventions que les étrangers voulaient nous imposer.

D. Quels furent les architectes de notre école nationale ?

R. Didier de Félin, qui bâtit le pont Notre-Dame à Paris, terminé en 1507 ; Pierre Nepveu, dit Trinqueau, architecte du château de Chambord ; Philibert Delorme, qui a construit le portail de l'église de Saint-Nizier à Lyon, le fer à cheval du château de Fontainebleau, les châteaux d'Anet et de Meudon, et en 1564 le château des Tuileries; Pierre Lescot, architecte de la façade de l'horloge du Louvre et de la fontaine des Innocents; Jean Bullant, auteur du château d'Écouen; Androuet du Cerceau, architecte du Pont-Neuf à Paris, des hôtels de Carnavalet, des Thermes, de Bretonvilliers, de Sully, de Mayenne et autres.

D. A quelle époque finit l'architecture de la renaissance?

R. Vers le règne de Henri IV. Alors elle devient beaucoup plus lourde, moins capricieuse et plus monotone, les arabesques sont moins fréquentes, l'ornementation s'appauvrit, et les moulures deviennent moins saillantes. L'aspect général des édifices est froid et lourd; l'œil n'y aperçoit aucune combinaison de lignes ou d'ornements qui le saisissent agréablement. Sous Louis XIII et Louis XIV il se fait une réaction contre la fertilité et la richesse d'imagination du seizième siècle, et l'architecture prend le caractère sévère et uniforme qui s'est manfiesté dans nos monuments pendant le règne de Louis XV.

D. Quels sont les caractères distinctifs de l'architecture de la renaissance?

R. Une élégance et une grande harmonie d'ensemble, une richesse extraordinaire de détails, l'emploi du plein cintre antique décoré de charmantes archivoltes et de pilastres le plus souvent ornés d'arabesques d'un goût exquis et ravissant. L'ornementation de la renaissance est très-variée, mêlée de réminiscences antiques, enrichies et diversifiées par les créations fantastiques de l'imagination septentrionale. Au seizième siècle, l'on voit reparaître les denticules, les oves, les modillons, les triglyphes, et en général tous les détails des ordres romains.

D. Sur quels modèles antiques nos architectes ont-ils pu s'inspirer?

R. Sur les monuments gallo-romains dont la France était encore couverte au commencement du seizième siècle; sur les temples, les théâtres, les arènes, les amphithéâtres, etc., etc. Quelques-uns, comme Pierre Bullant et Philibert Delorme, allèrent visiter aussi les monuments antiques de l'Italie. Mais de tous ces édifices romains, nos architectes n'en prirent que les détails, qu'ils modifièrent d'une manière heureuse, et avec lesquels ils eurent le grand talent de former des créations toutes originales.

Fig. 68. Balustrade au portail de l'église Saint-Wulfran d'Abbeville (Somme).

CHAPITRE XI.

DES PRINCIPALES PARTIES D'UNE ÉGLISE.

Demande. De quoi se compose généralement une église?

Réponse. Elle se compose d'une ou de plusieurs tours avec ou sans flèches, d'une nef, d'un chœur, d'un sanctuaire, de transsepts et de bas-côtés ou collatéraux. Presque toutes les grandes églises et toutes les cathédrales sont bâties dans la forme d'une croix. La partie intérieure qui forme les deux bras transversaux de la croix, et qui s'étend du nord au sud, s'appelle transsepts. Pour les distinguer, on dit transsept du nord, et transsept du midi. Les cathédrales et les grandes églises ont quelquefois des chapelles dans les transsepts. Les petites églises n'ont souvent qu'une nef et un chœur.

D. Qu'est-ce que la nef d'une église?

R. C'est l'étendue de l'ouest à l'est comprise entre le portail et le chœur, et au milieu des piliers situés au nord et au midi.

D. Qu'est-ce que le chœur d'une église?

R. C'est l'espace situé à l'orient et terminé quelquefois en hémicycle, quelquefois polygonalement.

D. Qu'est-ce qu'une tour?

R. La tour est cette portion sur la face occidentale de l'église qui s'élève plus haut que le reste de l'édifice, et dans laquelle on place les cloches. On voit souvent aussi des tours aux angles d'intersection du chœur et des transsepts, ou au centre de l'église, au point d'intersection de la croix, produite par la nef, le chœur et les transsepts. Les tours des églises servaient aussi de défense quelquefois. C'est pour cette raison qu'on en voit qui sont fortifiées, comme celles de Saint-Denis, de Notre-Dame d'Etampes, par exemple.

D. Qu'est-ce qu'une crypte?

R. Un espace souterrain avec voûte supportée

par des piliers ou des colonnes. La crypte se trouve ordinairement sous le chœur.

D. Qu'est-ce qu'un porche?

R. Une petite construction en saillie au-dessus ou en avant des portes d'entrée. Ils ont quelquefois, mais assez rarement, une ou deux pièces au premier étage.

D. Qu'est-ce que la claire-voie?

R. C'est cette partie supérieure du mur qui s'élève au-dessus des arcades et des piliers de la nef, des transsepts et du chœur, et dans laquelle sont pratiquées les fenêtres les plus élevées de l'église.

D. Qu'est-ce qu'un contre-fort?

R. C'est une masse de maçonnerie carrée, ou circulaire, ou polygonale, en saillie sur la paroi extérieure des murs d'un édifice, élevée le plus ordinairement à ses angles ou entre les fenêtres, et destinée à soutenir et à consolider les murailles. Le contre-fort peut être uni; mais il est le plus souvent orné de larmiers, de compartiments, de niches couronnées de frontons aigus et à feuillages. C'est au quatorzième et au quinzième siècle qu'on voit les contre-forts les plus riches en ornementation.

D. Qu'est-ce qu'un larmier?

R. Le larmier est un corps formé de moulures en saillie sur la face d'un mur, au-dessus des portes, des fenêtres et des corniches, sur des parois très-élevées, pour empêcher que les eaux ne coulent contre la surface du mur.

D. Quelle est la forme du larmier?

R. Il peut avoir plusieurs formes; il est à plein cintre, à ogive simple, à ogive en accolade et rectangulaire.

D. Qu'est-ce qu'une feuille à crochet?

R. C'est une masse de feuillage, composée d'une ou de plusieurs feuilles, sculptées hardiment et ornant ordinairement l'intérieur de certaines moulures, comme celles des angles des clochetons, des pyramides et des faces rampantes des frontons aigus dans l'architecture des treizième, quatorzième et quinzième siècles.

D. Qu'est-ce qu'un pompon?

R. C'est un assemblage sculpté de feuillages dont les sommets des ogives et des frontons sont terminés ou couronnés.

D. Qu'est-ce qu'une corbeille à console?

R. C'est un ornement en saillie sur un mur, formé par une ou plusieurs têtes d'hommes ou d'animaux, de feuillage ou de simples moulures, destiné à supporter la retombée des nervures d'une voûte, etc.

D. Qu'est-ce qu'une niche?

R. C'est un enfoncement rectangulaire ou courbe pris dans l'épaisseur d'un mur ou d'un contrefort, destiné à recevoir une statue. Les niches de l'architecture du moyen âge ont généralement à leur base une console ornée ou corbeille couronnée de moulures, de chaque côté

Fig. 69. Au portail de l'église Saint-Wulfran d'Abbeville (Somme).

un petit contre-fort enrichi d'ornements et coiffé d'une petite flèche à feuilles à crochet et à pompon. La niche est surmontée d'un larmier dont la forme suit le contour du sommet de la niche.

D. Qu'appelle-t-on meneaux?

R. On nomme meneaux les colonnettes ou nervures verticales qui divisent les fenêtres en plusieurs compartiments perpendiculaires.

D. Qu'est-ce que les enlacements ou pénétrations architectoniques?

R. Ce sont ces figures produites par le cercle et la règle que l'on voit sur des panneaux de pierre et de bois dans le sommet des fenêtres, qu'elles divisent en lobes, en triangles, en trois feuilles, en quatre feuilles, en fleurs de lis, en cœurs allongés et en d'autres figures encore.

D. Qu'est-ce qu'un triforium?

R. C'est la galerie du premier étage des nefs, des transsepts et du chœur, placée au-dessus des arcades et des piliers du rez-de-chaussée.

D. Qu'est-ce qu'un clocheton?

R. C'est ordinairement le sommet orné d'un contre-fort ou de toute autre partie d'un édifice, formé par quatre, six, ou huit faces flanquées à leurs angles ou arêtes de leurs colonnettes avec ou sans chapiteaux, couronnés de frontons ornés de crochets et de pompons. Le clocheton peut être massif ou évidé et à jour. Il peut aussi contenir une ou plusieurs niches, et des niches sur toutes les faces lorsqu'elles sont isolées.

Fig. 70. Clocheton entre les frontons des portes du portail ouest de la cathédrale de Reims.

D. Qu'est-ce qu'une piscine?

R. C'est un bassin creusé dans la pierre et muni d'une ouverture au centre ou sur le côté, placé dans ou contre le mur du sud du chœur ou auprès d'un autel; c'est dans ce bassin que le prêtre jette l'eau avec laquelle il s'est lavé les mains et celle qui a servi à rincer le calice. Toute matière consacrée et non utilisée pour l'office était également jetée dans la piscine. La piscine est quelquefois double. Elle s'appelait aussi lavacrum.

D. Qu'est-ce que les piliers?

R. Ce sont des masses carrées ou polygonales, avec ou sans colonnes, placées dans l'intérieur des monuments pour supporter les arcades.

D. Qu'est-ce qu'un jubé?

R. C'est une espèce de tribune élevée, placée en travers de la nef, à l'entrée occidentale du chœur, et sur laquelle on voyait un crucifix ou autres statues de saints; on y plaçait aussi les orgues. On montait à cette tribune par un escalier dissimulé dans les piliers, ou par un ou deux escaliers apparents et en spirale. Les jubés étaient très-richement ornés de sculptures. Ils étaient en bois ou en pierre. On en voit encore à Saint-Étienne-du-Mont, à Paris, et dans l'église de Troyes, en Champagne.

D. Qu'est-ce que les stalles?

R. Ce sont des siéges en bois ornés de sculptures, placés dans les chœurs des églises, et destinés aux chanoines, aux diacres et autres dignitaires ecclésiastiques. La stalle d'un évêque ou d'un archevêque est nommée trône. La cathédrale d'Amiens offre un magnifique exemple de stalles et de trônes.

D. Qu'est-ce que les gargouilles?

R. Ce sont des sculptures saillantes placées

presque toujours aux endroits des monuments par lesquels l'eau des toits doit s'écouler. On en voit aux entablements supérieurs, aux contre-forts, au pied des balustrades et dans les angles que forment les parois des murs extérieurs avec la saillie des faces latérales des contre-forts. Les gargouilles représentent des corps d'homme, des oiseaux, des quadrupèdes, des dragons, des salamandres et autres animaux fantastiques.

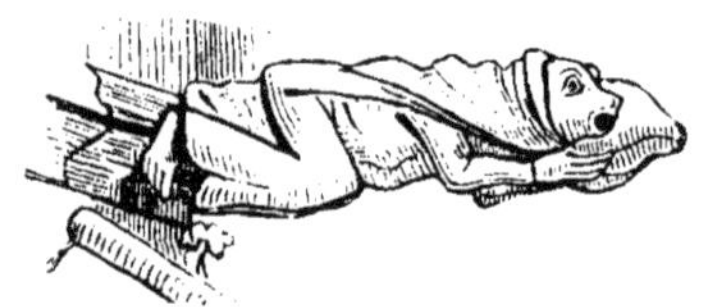

Fig. 71. Gargouille de la cathédrale de Beauvais.

CHAPITRE XII.

DE L'ÉTUDE DES MONUMENTS.

Demande. Comment doit-on s'y prendre pour étudier un monument?

Réponse. On commence par fixer son style d'architecture, s'il est à plein cintre, c'est-à-dire roman; ou à ogive, improprement dit gothique. On observera bien s'il est du style roman primitif ou simple, ou s'il est roman fleuri. On cherchera si l'on y voit à côté du plein cintre des ogives, en un mot, s'il est de la transition du roman à l'ogive. Si le monument est entièrement à ogive, c'est-à-dire postérieur à la fin du douzième siècle, on se rendra compte s'il est du treizième siècle, c'est-à-dire s'il est simple de conception, sévère dans ses lignes, sage dans son ornementation, et beau dans ses détails. L'habitude seule, et la comparaison, avec les caractères qui distinguent le style du treizième siècle, et que nous avons donnés au chapitre VII, peuvent mettre à même de distinguer aisément un monument de cette époque. On cherchera, en appliquant les règles que nous avons données aux chapitres VIII et IX, si l'édifice appartient au style rayonnant du quatorzième siècle ou à ceux du quinzième (ou flamboyant), ou enfin s'il est de la renaissance.

D. Que faut-il étudier alors?

R. Il faut étudier ensuite avec soin les voûtes, examiner si elles sont à plein cintre ou à ogive, si elles sont en berceau ou en voûte d'arête, si elles ont peu ou beaucoup de nervures, quels sont les profils de ces nervures. On étudiera avec soin si les piliers qui supportent les arcades sont carrés ou flanqués de colonnes et de colonnettes, si ces dernières sont isolées ou en faisceau, ou bien si, au lieu de piliers carrés, les arcades sont supportées par des colonnes. On observera encore s'il y a alternance de piliers carrés et de colonnes ▫ ◦ □ ◦ ■ On remarquera s'il y a une différence entre les piliers de la nef, des transsepts et du chœur, et quelle est cette différence. Ensuite il faut remarquer si l'église a un triforium ou galerie au premier étage, si cette galerie est surmontée d'une autre galerie plus petite et plus étroite, si l'on peut y circuler ou si elle est aveugle. Enfin on étudiera la claire-voie, composée des fenêtres supérieures, si ces fenêtres sont simples ou géminées, combien elles ont de meneaux, et quelles sont les combinaisons géométriques qui les couronnent dans le tympan.

D. Par quelle partie doit-on commencer l'étude extérieure d'un monument ou d'une église?

R. On doit d'abord examiner la façade dans les monuments sacrés, celle de l'occident ou du couchant, qui est presque toujours le portail principal. Il faut observer si l'édifice a deux tours d'égale ou d'inégale hauteur, s'il n'en a qu'une; si la façade a une, deux ou trois portes, comment elles sont disposées. Il faut bien étudier si l'on ne remarque pas différents styles dans cette façade. Ensuite on observera s'il y a des portails latéraux, où ils sont placés, s'ils appartiennent à la nef, aux transsepts ou au chœur. On examinera s'il y a une flèche ou tour centrale au point d'intersection de la croix, si le chœur est flanqué au nord et au sud d'une tour. On étudiera ensuite les contreforts et les arcs-boutants, les cordons et les entablements, et enfin les balustrades de couronnement.

D. Ne faut-il pas se mettre en garde contre quelques circonstances qui pourraient induire très-facilement en erreur sur la date du monument?

R. Oui. Dans l'examen d'un monument, pour en deviner la date, il faut apporter le plus grand soin dans la détermination des parties les plus anciennes. Dans quelques monuments à ogive on trouve des vestiges d'architecture romane. Il faut les constater. Ces vestiges servent souvent à faire retrouver la forme et la date du monument primitif.

TABLE DES MATIÈRES.

TABLE DES VIGNETTES.

www.ingramcontent.com/pod-product-compliance
Ingram Content Group UK Ltd.
Pitfield, Milton Keynes, MK11 3LW, UK
UKHW021105260726
13994UKWH00002B/716

9 782329 378770